EBS 초등 인성학교 2

함께 사는 세상

EBS 초등 인성학교 2
함께 사는 세상

초판 1쇄 발행 2016년 9월 1일
초판 3쇄 발행 2021년 7월 28일

기획 EBS 미디어
글 EBS 〈스쿨랜드 인성〉 제작팀
그림 이지후·지우
감수 박성춘

펴 낸 곳 (주)가나문화콘텐츠
펴 낸 이 김남전
편 집 장 유다형
편   집 이보라 김아영
외주편집 임지영
디 자 인 정란
마 케 팅 정상원 한웅 정용민 김건우
경영관리 임종열 김하은

출판 등록 2002년 2월 15일 제10-2308호
주   소 경기도 고양시 덕양구 호원길 3-2
전   화 02-717-5494(편집부) 02-332-7755(관리부)
팩   스 02-324-9944
홈페이지 ganapub.com
이 메 일 ganapub@naver.com

ISBN 978-89-5736-852-7 (74190)
     978-89-5736-854-1 (세트)

* 책값은 뒤표지에 표시되어 있습니다.
* 이 책의 내용을 재사용하려면 반드시 저작권자와 (주)가나문화콘텐츠 양측의 동의를 얻어야 합니다.
* 잘못된 책은 구입하신 서점에서 바꾸어 드립니다.
* '가나출판사'는 (주)가나문화콘텐츠의 출판 브랜드입니다.

| 자료 제공 |
진짜 기적이 일어났다고?(81~90쪽)는
Save the Children, '아프리카에 빨간염소 보내기' 캠페인의 내용을 바탕으로 한 것입니다.

이 도서의 국립중앙도서관 출판시도서목록(CIP)은 서지정보유통지원시스템 홈페이지(http://seoji.nl.go.kr)와
국가자료공동목록시스템(http://www.nl.go.kr/kolisnet)에서 이용하실 수 있습니다.(CIP제어번호: 2016018377)

· 제조자명 : 가나출판사
· 주소 및 전화번호 : 경기도 고양시 덕양구 호원길 3-2 / 02-717-5494
· 제조연월 : 2021년 7월 21일
· 제조국명 : 대한민국
· 사용연령 : 4세 이상 어린이 제품

EBS 초등 인성학교 2
함께 사는 세상

EBS 방송대상 수상작!
'EBS 스쿨랜드 인성'
8개 영상 수록

기획 EBS 미디어 | 글 EBS 〈스쿨랜드 인성〉 제작팀 | 그림 이지후·지우 | 감수 박성훈

어린이들의 생생 질문에서 시작하는
인성이 싹트는 재미있는 이야기

"욕을 하는 건 왜 나빠?"
"시험을 좀 못 보면 어때서?"
"음식을 남기면 왜 안 돼?"

부모님을 움찔하게 만드는 아이들의 질문들. 혹시 머뭇머뭇하면서 '그렇게 하면 안 된다.'라고만 답한 적 없으신가요? 어른들에게는 당연한 것이지만 이렇게 하면 왜 안 되는지, 뭐가 문제인지 아이들 마음속에는 궁금증이 피어납니다.

《EBS 초등 인성 학교》는 아이들이 세상을 향해 던지는 질문과 궁금증을 중심으로 이루어져 있습니다. '당연히 그래야 한다.'라고만 여겼던 일들에 대한 여러 가지 질문들이 담겨 있지요.

또래 친구인 말괄량이 소녀 '다나'를 통해 아이들의 궁금증을 보여 줍니다. 다나가 일상에서 겪은 일을 통해 정직, 배려, 착한 소비, 리더십, 도전과 용기, 아름다운 꿈 등 다양한 주제를 생각하도록 이끌어 주지요. 또한 통일, 외국인 친구에 대한 편견 등 세계 시민으로 성장하기 위해 고민해 봤으면 하는 내용들도 담고 있습니다.

총 3권으로 구성된 이 책은 '내 마음의 소리', '함께 사는 세상', '꿈과 미래'

라는 큰 주제를 중심으로 나와 우리 이웃·친구, 우리가 만들어 갈 미래에 대해 살펴봅니다. 책 속에 담긴 24가지 질문들의 답을 찾다 보면 아이들 마음의 깊이도 한 뼘 더 깊어질 것입니다.

《EBS 초등 인성 학교》는 각 질문마다 아이들이 좋아하는 만화, 감성을 자극하는 동화와 실제 이야기, 실험과 연구를 바탕으로 한 구체적인 자료, 꽁짜 할머니가 주제를 정리해 주는 마무리 글, 인성 사전 만들기로 구성되어 있습니다.

또한 기존의 인성 관련 책들이 주로 동화와 같은 허구를 다루었다면, 이 책은 실화나 실험 자료 등 구체적인 실례를 다루고 있기 때문에 아이들에게도 더 큰 울림을 전해 줄 것이라 생각합니다. 아이들이 직접 겪을 만한 일들, 또 그 과정을 거쳐 온 사람들의 실제 이야기들이 담겨 있으니까요.

따라서 한 질문 한 질문 읽다 보면 그리고 부모님과 함께 이야기하다 보면, 올바른 마음가짐이란 무엇인지 더불어 살아가기 위해 어떤 마음을 지녀야 할지 스스로 깨닫는 힘을 키울 수 있을 것입니다.

서울대학교 윤리교육과 교수 **박성춘**

《EBS 초등 인성 학교》 이렇게 구성되었어요!

QR코드

각 이야기가 시작되는 첫 페이지에 QR코드가 있어요. 'EBS 초등 사이트'의 '스쿨랜드-인성'으로 연결되는 코드랍니다. 스마트폰으로 QR코드를 찍어서 이야기에 해당하는 영상도 함께 보세요.

다나의 일기

다나가 학교와 집에서 겪은 좌충우돌 이야기를 재미있는 만화로 만나요! 다나의 하루를 따라가다 보면 어느새 다양한 주제에 대해 생각하게 될 거예요. 다나의 일기를 보며, 내가 다나라면 어떤 결정을 할지도 함께 생각해 보세요.

꽁짜 할머니가 들려주는 인성 이야기

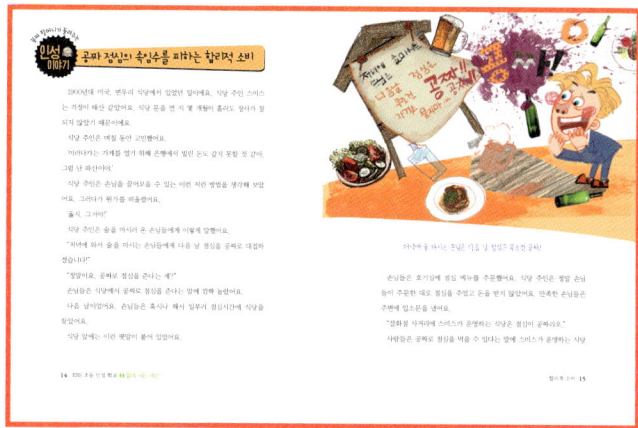

다나의 궁금증 해결사인 꽁짜 할머니가 고민에 빠진 다나에게 들려주는 이야기예요. 꽁짜 할머니에게는 가슴 찡한 동화와 실제로 있었던 일, 여러 학자의 실험이나 연구 결과 등 다양한 이야기 보따리가 있어요. 꽁짜 할머니가 들려주는 이야기를 통해 나라면 어떻게 해결할지 생각해 보세요.

꽁짜 할머니의 인성 특강

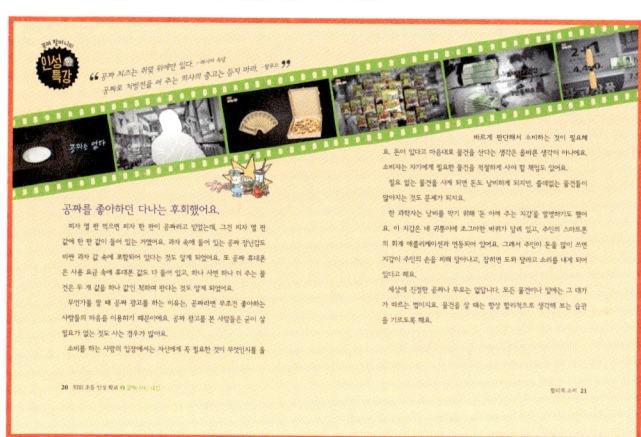

'꽁짜 할머니가 들려주는 인성 이야기'에서 생각해 볼 내용들을 짚어 줘요. 생각의 가지를 뻗다 보면 고민의 답을 스스로 찾을 수 있을 거예요. 이야기의 주제와 관련해서 훌륭한 사람들이 남긴 명언들도 담겨 있어요. 짧지만 깊은 뜻을 담고 있는 말이니 도움이 될 거예요. 놓치지 말고 꼭 읽어 보세요.

내가 만드는 인성 사전

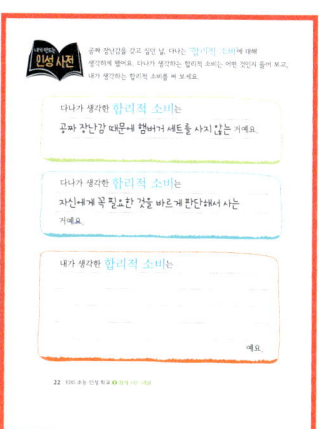

다나와 꽁짜 할머니가 들려주는 이야기에는 핵심 주제들이 있어요. 나는 어떻게 생각하는지 나만의 인성 사전을 만들면서 생각을 정리해 보세요. 다나가 먼저 써 놓은 글이 있으니 전혀 어렵지 않을 거예요. 다나와 함께 자신만의 인성 사전을 만들어 보세요.

추천의 글 · 4
이 책의 구성 · 6

합리적 소비
사은품 때문에 햄버거를 사는 게 어때서?
다나의 일기 공짜 장난감을 갖고 싶던 날 · 12
꽁짜 할머니가 들려주는 인성 이야기 공짜 점심의 속임수를 피하는 합리적 소비 · 14
꽁짜 할머니의 인성 특강 · 20   **내가 만드는 인성 사전** · 22

착한 소비
돈을 착하게 쓸 수 있다고?
다나의 일기 찬우에게 초콜릿을 뺏길 뻔한 날 · 24
꽁짜 할머니가 들려주는 인성 이야기 에브라임의 마을에 학교를 세워 준 착한 소비 · 26
꽁짜 할머니의 인성 특강 · 30   **내가 만드는 인성 사전** · 32

바른 식습관
음식을 남기는 게 어때서?
다나의 일기 음식을 많이 남긴 날 · 34
꽁짜 할머니가 들려주는 인성 이야기 음식에 담긴 가치를 소중히 여기는 바른 식습관 · 36
꽁짜 할머니의 인성 특강 · 42   **내가 만드는 인성 사전** · 44

환경 보호
많고 많은 종이 마음껏 쓰는 게 어때서?
다나의 일기 나무 귀신 꿈을 꾼 날 · 46
꽁짜 할머니가 들려주는 인성 이야기 지구를 사랑하고 지키는 방법, 환경 보호 · 48
꽁짜 할머니의 인성 특강 · 54   **내가 만드는 인성 사전** · 56

이타심
남보다 나를 먼저 생각하는 게 어때서?
다나의 일기 극장 가는 길에 우는 꼬마를 만난 날 · 58
꽁짜 할머니가 들려주는 인성 이야기 스스로를 구한 썬다 싱의 이타심 · 60
꽁짜 할머니의 인성 특강 · 66   **내가 만드는 인성 사전** · 68

공동체
친구를 돕지 않는 게 어때서?
다나의 일기 친구를 돕는 게 망설여진 날 · 70
꽁짜 할머니가 들려주는 인성 이야기 공동체의 책임을 일깨워 준 라과디아 판사 · 72
꽁짜 할머니의 인성 특강 · 78   **내가 만드는 인성 사전** · 80

진정한 기적
진짜 기적이 일어났다고?
다나의 일기 기적을 일으키고 싶던 날 · 82
꽁짜 할머니가 들려수는 인성 이야기 사람들에게 꿈과 희망을 전한 기적 · 84
꽁짜 할머니의 인성 특강 · 88   **내가 만드는 인성 사전** · 90

통일과 평화
지금도 좋은데 왜 통일해야 해?
다나의 일기 새터민 친구의 이야기를 들은 날 · 92
꽁짜 할머니가 들려주는 인성 이야기 남북 분단의 슬픔을 치유해 줄 통일 · 94
꽁짜 할머니의 인성 특강 · 102   **내가 만드는 인성 사전** · 104

사은품 때문에 햄버거를 사는 게 어때서?

합리적 소비

다나는 공짜로 주는 장난감이 갖고 싶어서
어린이 햄버거 세트를 먹을 생각이에요.
그런데 그 장난감이 공짜가 아니래요.
공짜가 공짜가 아니라니요?

EBS 스쿨랜드
〈공짜는 없다〉

 # 공짜 장난감을 갖고 싶던 날

공짜 점심의 속임수를 피하는 합리적 소비

　1900년대 미국, 변두리 식당에서 있었던 일이에요. 식당 주인 스미스는 걱정이 태산 같았어요. 식당 문을 연 지 몇 개월이 흘러도 장사가 잘되지 않았기 때문이에요.

　식당 주인은 며칠 동안 고민했어요.

　'이러다가는 가게를 열기 위해 은행에서 빌린 돈도 갚지 못할 것 같아. 그럼 난 파산이야.'

　식당 주인은 손님을 끌어모을 수 있는 이런 저런 방법을 생각해 보았어요. 그러다가 뭔가를 떠올렸어요.

　'옳지, 그거야!'

　식당 주인은 술을 마시러 온 손님들에게 이렇게 말했어요.

　"저녁에 와서 술을 마시는 손님들에게 다음 날 점심을 공짜로 대접하겠습니다!"

　"정말이요, 공짜로 점심을 준다는 게?"

　손님들은 식당에서 공짜로 점심을 준다는 말에 깜짝 놀랐어요.

　다음 날이었어요. 손님들은 혹시나 해서 일부러 점심시간에 식당을 찾았어요.

　식당 앞에는 이런 팻말이 붙어 있었어요.

저녁에 술 마시는 손님은 다음 날 점심은 무조건 공짜!

손님들은 호기심에 점심 메뉴를 주문했어요. 식당 주인은 정말 손님들이 주문한 대로 점심을 주었고 돈을 받지 않았어요. 만족한 손님들은 주변에 입소문을 냈어요.

"잡화점 사거리에 스미스가 운영하는 식당은 점심이 공짜라오."

사람들은 공짜로 점심을 먹을 수 있다는 말에 스미스가 운영하는 식당

합리적 소비 15

으로 몰려갔어요. 들은 대로 점심이 공짜였어요. 그래서 술을 마실 때는 다른 데에 가지 않고 스미스 씨의 식당으로 갔어요. 그러다 보니 손님이 점점 많아졌어요.

'오호! 내 생각대로야. 사람들은 공짜라면 사족을 못 쓰는군. 아무래도 직원을 더 구해야겠어.'

식당 주인은 댄이라는 젊은 요리사를 채용했어요. 댄은 맛있는 음식을 만들어 사람들에게 행복을 주는 게 꿈인 요리사예요.

댄은 점심을 만들기 위해 식당 주인에게 싱싱한 식재료를 준비해 달라고 했어요. 하지만 식당 주인은 댄이 요구한 식재료를 준비해 주지 않았어요. 댄은 어리둥절했어요.

"사장님, 싱싱한 재료를 써야 맛있는 음식을 만들 수 있어요. 제가 말씀드린 식재료를 구해 주세요."

"이보게, 댄. 우리 식당에서 주는 점심은 공짜야. 그런데 어떻게 그런 비싸고 좋은 재료를 쓸 수 있겠나? 그렇게 되면 우리 식당은 망할 거야. 냉동고를 열어 보게. 고기가 잔뜩 있을 거야. 그리고 냉장고에 채소도 있어. 그걸 쓰게."

댄은 냉동고에서 고기를 꺼냈어요. 꽁꽁 언 고기는 너무 오래 되어 보였어요. 채소도 시들시들해서 버려야 할 것들이었어요.

댄은 너무나 놀랐어요. 하지만 사장이 하라고 하니 어쩔 수 없이 오래된 고기와 다 시든 채소로 점심 메뉴를 만들었어요. 맛은 별로 없지만 손님들은 공짜라고 좋아하기만 했어요.

　　그날 저녁, 식당 주인은 가게를 닫고 하루 동안 벌어들인 돈을 셌어요.

　　"사장님, 정말 대단하세요. 점심을 공짜로 주는데도 이렇게 돈을 많이 벌 수 있다니요?"

　　"흐흐, 모르는 소리 말게. 세상에 공짜가 어디 있나? 싸구려 점심을 주는 대신 술과 안주는 비싸게 받는 거야."

　　댄은 깜짝 놀랐어요. 술값 속에 점심 값이 들어 있었던 거예요.

　　"이봐, 댄. 장사는 돈을 벌려고 하는 거야. 점심을 공짜로 주면 가게는 망해. 미쳤나? 그런 짓을 하게?"

　　댄은 그제야 사람들이 사장에게 속고 있다는 걸 알았어요. 댄은 양심을 속이고 싶지 않아서 식당을 그만 두었어요. 그래도 사람들은 여전히 공짜 점심 때문에 스미스 식당을 찾았어요.

　　'사람들이 속고 있다는 게 마음 아파.'

　　댄은 어떻게든 사람들에게 진실을 알리고 싶었어요. 하지만 사람들을 일일이 만나 그 이야기를 한다는 건 쉬운 일이 아니었어요. 댄은 고민하다가 아이들이 따라 부르기 쉬운 노래를 만들어 퍼뜨렸어요.

> 세상에 공짜는 없죠.
> 씨잉 씨잉 버스를 타려면 버스 값.
> 칙칙 폭폭 기차를 타려면 기차 값.
> 냠냠 쩝쩝 점심을 먹으려면 밥값.
> 세상엔 공짜는 없죠.
> 공짜는 낮에 은비처럼 뿌려 주는 햇빛.
> 공짜는 밤에 금비처럼 뿌려 주는 달빛.
> 공짜는 어머니의 사랑!

이 노래는 금방 퍼졌어요. 마을 주민들은 그 노래를 들으면서 스미스 식당에 대해 의심을 하기 시작했어요.

"점심 값이 공짜라는 게 아무래도 좀 이상해."

사람들은 스미스 식당과 다른 가게의 술값을 비교해 보았어요. 그랬더니 스미스 식당의 술값이 훨씬 비쌌어요.

사람들은 그제야 자신들이 스미스 씨한테 속았다는 걸 알았어요. 마을 사람들은 그 식당에 발을 뚝 끊었어요. 결국 스미스 씨의 식당은 문을 닫게 되었지요.

" 공짜 치즈는 쥐덫 위에만 있다. -러시아 속담
공짜로 처방전을 써 주는 의사의 충고는 듣지 마라. -탈무드 "

공짜를 좋아하던 다나는 후회했어요.

피자 열 판 먹으면 피자 한 판이 공짜라고 믿었는데, 그건 피자 열 판 값에 한 판 값이 들어 있는 거였어요. 과자 속에 들어 있는 공짜 장난감도 비싼 과자 값 속에 포함되어 있다는 것도 알게 되었어요. 또 공짜 휴대폰은 사용 요금 속에 휴대폰 값도 다 들어 있고, 하나 사면 하나 더 주는 물건은 두 개 값을 하나 값인 척하며 판다는 것도 알게 되었어요.

무언가를 팔 때 공짜 광고를 하는 이유는, 공짜라면 무조건 좋아하는 사람들의 마음을 이용하기 때문이에요. 공짜 광고를 본 사람들은 굳이 살 필요가 없는 것도 사는 경우가 많아요.

소비를 하는 사람의 입장에서는 자신에게 꼭 필요한 것이 무엇인지를 올

바르게 판단해서 소비하는 것이 필요해요. 돈이 있다고 마음대로 물건을 산다는 생각은 올바른 생각이 아니에요. 소비자는 자기에게 필요한 물건을 적절하게 사야 할 책임도 있어요.

필요 없는 물건을 사게 되면 돈도 낭비하게 되지만, 쓸데없는 물건들이 많아지는 것도 문제가 되지요.

한 과학자는 낭비를 막기 위해 '돈 아껴 주는 지갑'을 발명하기도 했어요. 이 지갑은 네 귀퉁이에 조그마한 바퀴가 달려 있고, 주인의 스마트폰의 회계 애플리케이션과 연동되어 있어요. 그래서 주인이 돈을 많이 쓰면 지갑이 주인의 손을 피해 달아나고, 잡히면 도와 달라고 소리를 내게 되어 있다고 해요.

세상에 진정한 공짜나 무료는 없답니다. 모든 물건이나 일에는 그 대가가 따르는 법이지요. 물건을 살 때는 항상 합리적으로 생각해 보는 습관을 기르도록 해요.

공짜 장난감을 갖고 싶던 날, 다나는 '합리적 소비'에 대해 생각하게 됐어요. 다나가 생각하는 합리적 소비는 어떤 것인지 들어 보고, 내가 생각하는 합리적 소비를 써 보세요.

다나가 생각한 **합리적 소비**는
공짜 장난감 때문에 햄버거 세트를 사지 않는 거예요.

다나가 생각한 **합리적 소비**는
자신에게 꼭 필요한 것을 바르게 판단해서 사는 거예요.

내가 생각한 **합리적 소비**는

예요.

돈을 착하게 쓸 수 있다고?

착한 소비

나는 혼자만 먹고 싶을 정도로 초콜릿이 참 맛있어요.
그런데 꽁짜 할머니는 초콜릿을 보면 눈물이 난다네요.
달콤한 초콜릿에 무슨 슬픈 사연이라도 있는 걸까요?

EBS 스쿨랜드
〈착한 초콜릿이 뭐예요?〉

찬우에게 초콜릿을 뺏길 뻔한 날

재빨리 신발을 갈아 신고 복도로 뛰어갔어. 찬우가 나보다 먼저 교실에 가려고 자꾸만 쫓아왔거든.

찬우가 뒤에서 가방을 잡아당겼어. 그 바람에 지퍼가 내려가서 가방에 넣어 둔 초콜릿이 빼꼼 나와 버렸지.

와, 초콜릿이다. 나 좀 줘.

싫어. 내가 얼마나 아껴 먹는 건데. 나 혼자 먹을 거야.

야! 조금만 줘라!

기어코 찬우는 초콜릿을 낚아채서 도망쳤어.

야, 너 살고 싶으면 어서 내 초콜릿 내놔!

좀 나눠 먹으면 안 돼냐!

나는 새처럼 날아서 찬우를 넘어뜨렸어. 찬우는 캑캑대며 초콜릿을 내밀었어.

학교를 마치고는 꽁짜반점엘 갔어.

난 되찾은 초콜릿을 치마 뒷주머니에 꼭꼭 넣어 뒀지.

꽁짜 할머니가 손가락질하는 곳을 보니 아까 학교에서 넣어 둔 초콜릿이 녹아서 치마에 묻었지 뭐야.

에브라임의 마을에 학교를 세워 준 착한 소비

에브라임은 서아프리카에 있는 코트디부아르라는 나라에 살고 있는 열두 살 소년이에요. 코트디부아르는 초콜릿을 만드는 재료인 카카오를 많이 재배하는 곳이에요. 에브라임의 집도 카카오 농사를 짓지요.

에브라임은 아빠의 카카오 농장에서 일곱 살 때부터 일을 했어요. 대부분의 아이들은 에브라임처럼 학교에 못 다니고 카카오 농장에서 일을 했지요.

"아빠, 초콜릿은 어떤 맛일까요? 정말 달콤할까요? 설마 말린 카카오 콩처럼 시고 쓴 건 아니겠지요?"

카카오 농장에서 일을 하고 있는 에브라임뿐만 아니라 형도, 누나도, 부모님도, 마을 사람들도 초콜릿을 한 번도 먹어 본 적이 없어요.

에브라임은 이른 아침부터 카카오 나무에 올라가 둥그런 열매를 땄어요. 카카오 나무는 10미터나 되는 아주 키 큰 나무지만 어릴 적부터 나무에 올라가 열매를 따는 일을 했기 때문에 무섭지는 않았어요. 에브라임은 나무 꼭대기에 올라가 카카오를 땄어요. 그러다가 다시 나무 밑으로 내려와 카카오를 바구니에 넣고, 벌레가 먹지 못하게 농약도 쳤지요. 농약은 몹시 독해서 머리가 어질어질하기도 했어요.

이 모든 게 에브라임이 늘 카카오 농장에서 하는 일이에요. 에브라임은 아버지의 농장에서 일을 하지만, 카카오 농장에 일꾼으로 팔려가는 아이들도 많답니다.

이렇게 하루 종일 일을 해야 하니 학교에는 갈 수도 없지요. 에브라임의 마을에 아이들이 100명 정도 있는데, 초등학교에 다니는 아이는 세 명뿐이에요. 에브라임은 늘 학교가 궁금하답니다.

'학교에서는 무얼 가르쳐 줄까? 학교에 가면 선생님도 계시고 친구들도 만날 수 있겠지?'

에브라임은 얼른 부자가 되어 일은 그만하고 학교에 다니면 좋겠다고 늘 생각하지요. 초콜릿이 워낙 비싸니 카카오 농사를 짓는 에브라임의 집은 부자여야 할 텐데, 여전히 가난하답니다.

"아빠, 우리는 계속 카카오를 팔고 있는데 왜 늘 가난한 거예요? 부자가 되면 저도 일은 그만하고, 학교에 다닐 수 있지 않나요?"

"그러면 정말 좋겠구나. 그런데 초콜릿 값이 1,000원이면 우리가 버는 돈은 20원뿐이야."

"왜 그렇게 조금밖에 못 벌어요?"

"카카오를 사 가는 기업들이 똘똘 뭉쳐서 똑같이 카카오 가격을 싸게 매겼기 때문이야. 우리의 노동력을 너무 싸게 보는 거지. 카카오를 싼값에 사 가서 초콜릿으로 만들어 비싸게 팔고 있는 거야. 카카오 값을 제대로 받았으면 참 좋겠구나."

에브라임 아빠는 카카오 값만 생각하면 늘 한숨이 절로 나왔어요.

어느 날 에브라임의 아빠가 좋은 소식을 갖고 왔어요. 카카오 농장을 하는 농부들과 함께 협동 조합을 만들어서 직접 가격을 매겨 대기업이 아니라 공정한 무역을 하는 업체에게 팔기로 했다는 거예요. 그렇게

해서 만들어지는 것이 착한 초콜릿이래요.

에브라임은 가슴이 뛰었어요.

"아빠, 우리 카카오가 착한 초콜릿을 만드는 데 쓰이면 어떻게 되는 거예요?"

"카카오 값을 제대로 받으니까 예전보다 많은 돈이 생길 거야. 그 업체들은 초콜릿 판 돈으로 학교도 세워 준다고 했어. 게다가 열여섯 살이 안 된 아이들은 학교에 다녀온 후에만 일을 시키라고 한다는구나. 조금만 기다려라. 에브라임 너도 곧 학교에 다닐 수 있을 테니까."

아빠의 말은 거짓말이 아니었어요.

얼마 후, 마을에 학교가 세워졌고 에브라임도 학교에 다니게 되었어요. 하루 종일 카카오 농장에서 일하지 않게 되어 정말 기뻤답니다.

"착한 일은 작다 해서 아니하지 말고, 악한 일은 작다 해도 하지 말라. -명심보감"

착한 초콜릿

꽁짜 할머니가 초콜릿만 보면 눈물이 나는 이유를 이제는 알겠네요.

여러분이 에브라임이라고 상상해 보세요. 학교도 다니지 못하고, 하루 종일 따가운 햇볕을 받으며 카카오 밭에서 일만 한다면 어떨까요?

이렇게 일하는 아이들은 카카오 농장에만 있는 게 아니에요. 많은 나라의 아이들이 제대로 학교도 다니지 못하고 일터로 나가고 있어요. 100원 벌려고 온종일 쓰레기 줍는 일, 축구공 꿰매는 일, 신발 밑창 붙이는 일 등을 해요. 그런데 이 아이들은 아예 돈을 받지 못하거나 아주 적은 돈을 받고 일하고 있지요.

세계 여러 곳에서 아동의 노동 착취를 그만두라며 한목소리를 내고 있

어요. 또한 이들을 돕기 위해 공정 무역 캠페인이 벌어지고 있지요. 공정 무역이란 생산자가 일한 것에 대해 공정하게 대가를 지불하고 거래하는 방식을 말해요.

초콜릿도 공정 무역 품목 중 하나예요.

초콜릿을 만들어서 돈을 버는 사람들이 착한 마음을 가지고 있느냐 아니냐에 따라서 그 초콜릿은 착한 초콜릿이 될 수도 있고 그렇지 않은 초콜릿이 될 수도 있어요. 초콜릿을 만들어서 생긴 이익금은 초콜릿을 만드는 데 노력한 모든 사람들이 공평하게 나누어 가질 수 있어야 해요. 그런 경우에는 착한 초콜릿이라고 이야기하지요.

물건을 만드는 사람들에 대해서 감사하는 마음을 가지고 소비하는 것을 착한 소비라고 해요. 초콜릿 하나를 먹더라도 생산자에게 감사할 줄 아는 착한 소비자가 될 수 있기를 바랍니다.

내가 만드는 인성 사전

찬우에게 초콜릿을 뺏길 뻔한 날, 다나는 '착한 소비'에 대해 생각하게 됐어요. 다나가 생각하는 착한 소비는 어떤 것인지 들어 보고, 내가 생각하는 착한 소비를 써 보세요.

다나가 생각한 **착한 소비**는
착한 마음을 가진 사람들이 파는 착한 초콜릿을 사는 거예요.

다나가 생각한 **착한 소비**는
물건을 만드는 사람들에게 고마운 마음을 가지고 소비하는 거예요.

내가 생각한 **착한 소비**는

예요.

음식을 남기는 게 어때서?

바른 식습관

다나는 음식이 맛없어도 남기고,
먹다가 배불러도 남겨요.
남은 음식은 버리면 된다고 생각하지요.
그런 다나에게 화가 난 꽁짜 할머니. 이유가 뭘까요?

EBS 스쿨랜드
〈적당히 주문해〉

 # 음식을 많이 남긴 날

꽁짜 할머니가 이렇게 화 내시는 거는 처음인데.
내가 뭘 잘못했지?

음식에 담긴 가치를 소중히 여기는 바른 식습관

먹을 것이 풍족한 요즘에도 전 세계 사람들 중 약 1억 명이 굶주림에 시달리고 있어요. 그중 하루에 약 1,800명은 먹을 것이 없어 죽어 가고 있어요. 이런 사람들을 생각하면 절대로 음식을 쉽게 버릴 수가 없을 거예요. 그렇지만 하루만 지나도 산더미처럼 쌓이는 것이 바로 우리가 먹지 않고 버리는 음식물 쓰레기랍니다.

하루에 배출되는 음식물 쓰레기의 양은 약 15,000톤이에요. 2010년 초중고 급식 과정에서 발생한 음식물 쓰레기의 양은 학생 한 명당 13.6킬로그램이나 되지요. 그 정도 양이라면 1리터짜리 우유 14개를 버린 것과 같은 양이에요. 급식에서 버려지는 음식물 쓰레기의 양은 매년 증가

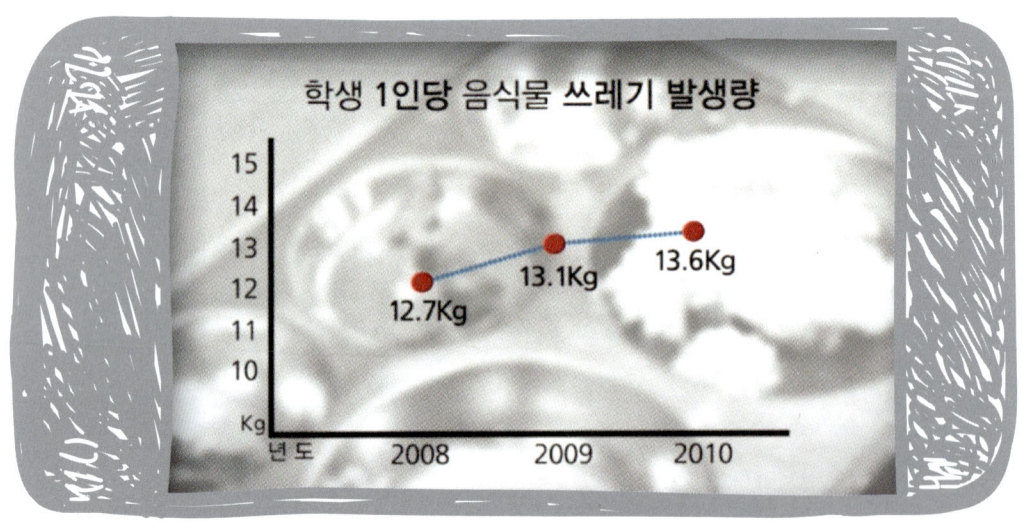

하고 있다고 해요.

더욱 충격적인 사실이 얼마 전 영국에서 조사 발표되었어요. 전 세계에서 생산되는 연간 40억 톤의 식량 중 30~50퍼센트가 먹기도 전에 버려진다는 사실이지요.

슈퍼마켓 진열대에 놓인 채소들이 쓸 만은 하지만 신선도가 떨어져 상품성이 없다는 이유로 버려지는 거예요. 또 어떤 것은 생김새가 못나서 소비자들이 찾지 않을 테니 아예 수확도 하지 않고 버려지기도 한답니다.

이렇게 음식물 쓰레기가 많아지게 되면 자연도 파괴되어요. 대개 음식물 쓰레기는 그냥 썩어 버릴 거라고 생각해요. 하지만 그건 잘못된 생각

이에요. 음식물 쓰레기의 80퍼센트는 물기예요. 다른 쓰레기와 섞인 채 버려지면 물기가 다른 쓰레기를 오염시키게 되지요. 그러니까 음식물 쓰레기는 절대로 다른 것들과 섞이게 하면 안 된답니다. 또 음식물 쓰레기를 땅에 파묻는 것도 좋지 않아요. 쓰레기의 물기가 땅속에 스며들어 가 지하수를 오염시키고, 땅도 오염시키거든요.

땅과 물이 오염되면 결국 우리가 먹는 물도, 그 땅에 키우는 채소도

오염되는 거지요.

　그러므로 음식물 쓰레기는 최대한 만들지 않도록 해야 해요. 먹을 만큼만 만들고, 남겨서 버리는 일이 없도록 해야 하지요. 그리고 음식물 쓰레기를 버릴 때는 종량제 봉투에만 버려야 해요. 다른 비닐은 땅속에서 썩지 않기 때문이에요.

　종량제 봉투에 넣기 전에 비닐로 한 번 더 싸는 경우가 많은데, 반드시 종량제 봉투에만 버려야 한답니다.

　이렇게 사람들이 음식을 마구 버리는 이유는 우리가 중요한 것을 잊고 있기 때문이에요.

자, 퀴즈를 풀어 보세요. 이 햄버거는 얼마일까요?

햄버거를 즐겨 먹는 친구들에게는 너무 쉬운 문제겠지요?

네. 햄버거의 값은 약 4,000원이에요. 하지만 그 가치는 4,000원과 다르다는 것을 우리 모두 생각하지 못하고 있지요.

햄버거 속에 들어갈 고기를 만들기 위해서는 소가 필요해요. 그 소를 키우려면 목장이 있어야 하지요. 목장을 만들기 위해서는 울창한 숲 속의 나무들을 모두 잘라 내야 하고요. 이미 중앙아메리카 전체 숲의 4분의 1이 목장을 만드느라 사라졌어요. 또 소가 먹을 사료를 만들기 위해 나무를 잘라 내고 그곳에 식물을 재배해요. 식물을 재배하기 위해서는 물도 필요하고요.

햄버거 한 개를 만드는 데 드는 물만 해도 가축을 사육하는 데 필요한 물부터 시작해서 약 10,000리터의 물이 필요하답니다.

이것으로 끝나는 것이 아니에요. 절대 잊지 말아야 할 것이 있지요. 농부들의 노력이 그것이랍니다. 정성 들여 소를 키우고, 식물을 키운 농

부들에게 언제나 감사하는 마음을 잊지 말아야겠어요.

이렇게 해서 경제학자 라즈 파텔이 계산한 햄버거 하나의 가치는 약 20만 원이에요. 4,000원이면 살 수 있는 햄버거의 가치가 20만 원이라니 정말 놀랍지요?

이제부터는 음식을 먹기 전에 가격만 따져 보지 말고, 그 음식의 가치도 생각해 보는 게 어떨까요?

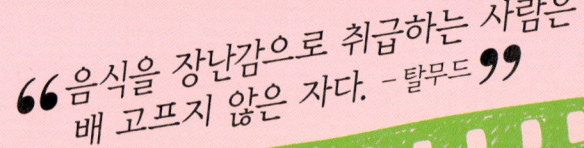
"음식을 장난감으로 취급하는 사람은 배 고프지 않은 자다." - 탈무드

음식의 가격과 가치

꽁짜 할머니의 이야기를 듣다 보니 배가 고팠던 걸까요?

아니면 음식의 가치를 알게 되어 그런 걸까요? 다나는 남겼던 짬짜탕을 깨끗이 다 먹었답니다.

여러분도 다나처럼 음식을 남기는 일이 있지요? 오늘 급식은 어땠나요? 감사하는 마음으로 남기지 않고 맛있게 잘 먹었나요?

음식 하나를 만드는 데 많은 재료와 사람들의 노력과 정성이 들어가요. 음식을 남겨 버리게 되면 결국 음식의 재료뿐 아니라 사람들의 노력과 정성까지 버리게 되는 거랍니다. 또한 이렇게 음식을 버리게 되면 지구 환경을 오염시키게 되지요.

지구의 어느 쪽에서는 먹을 음식이 없어서 굶주리고 고통받고 있는데, 지구의 또 어느 쪽에서는 음식이 많이 버려진다니 안타까운 일이에요.

불교에는 발우 공양이라는 것이 있어요. 발우는 스님들이 쓰는 그릇을 말하고, 불교에서 밥을 먹는 것을 공양이라고 한답니다. 스님들은 자신이 먹을 만큼의 음식을 받고 그것을 남김없이 먹기 때문에 음식물 쓰레기가 전혀 나오지 않는다고 해요. 게다가 따로 설거지를 할 필요가 없어서 물도 절약된다고 하지요.

그런데 일반 사람들이 일상 생활에서 스님들처럼 음식물을 남기지 않고 깨끗하게 식사를 하는 것은 쉽지 않아요. 스님들처럼 할 수는 없어도 음식을 만드는 자원을 생각하고, 음식물 쓰레기를 처리하는 과정에서 생기는 환경 오염을 생각하고, 지구상에서 굶주리고 있는 사람들을 생각하고, 음식을 만든 사람들의 노력을 생각해야겠어요.

여러분이 음식의 소중한 가치를 생각하면서 맛있게 먹고, 무럭무럭 자랄 수 있기를 바랍니다.

음식을 많이 남긴 날, 다나는 '바른 식습관'에 대해 생각하게 됐어요.
다나가 생각하는 바른 식습관은 어떤 것인지 들어 보고,
내가 생각하는 바른 식습관을 써 보세요.

다나가 생각한 **바른 식습관**은
음식을 만든 분께 감사하며 남기지 않고 먹는 거예요.

다나가 생각한 **바른 식습관**은
음식에 담긴 가치를 소중하게 여기는 거예요.

내가 생각한 **바른 식습관**은

예요.

많고 많은 종이 마음껏 쓰는 게 어때서?

환경 보호

다나는 나무 귀신 꿈을 꿨어요.
나무는 다나에게 휴지도 주고 공책도 줬대요.
그런데 다나에게 살려 달라고 하네요.
왜 나무가 다나에게 도움을 청하는 걸까요?

EBS 스쿨랜드
〈나무 귀신이 나타났다!〉

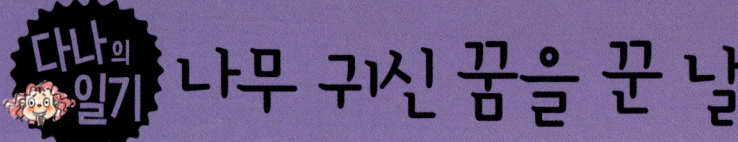
나무 귀신 꿈을 꾼 날

지구를 사랑하고 지키는 방법, 환경 보호

민아는 그림 그리기를 좋아해요. 스케치북이든 연습장이든 A4 용지든 종이만 있다면 그림을 그리지요. 그날도 민아는 연습장에 그림을 그렸어요. 조금 그리다 말고는 다음 장에 다시 그리기 일쑤였어요. 그림을 그리다가 마음에 안 들면 종이를 찢어 버리기도 했지요.

민아는 색종이를 쓸 때도 조금 잘라 쓰고 남은 자투리는 함부로 버렸어요. 사용한 것보다 남아서 버리는 색종이가 더 큰 것도 있었어요. 자투리 종이를 모아 두기가 귀찮았던 거예요.

"민아야, 종이 좀 아껴 써라."

보다 못한 엄마가 꾸짖자 민아가 대답했어요.

"흔하고 흔한 게 종이인데 왜 아끼라고 하세요?"

민아는 종이를 왜 아껴야 하는지 이유를 몰랐어요.

'돈만 있으면 색종이도 공책도 얼마든지 살 수 있는데 뭐.'

민아 말대로 문구점이나 마트에 가면 쉽게 종이 제품을 구할 수 있어요. 그런데 왜 민아의 엄마는 종이를 아껴 쓰라고 하는 걸까요? 쉽게 구할 수 있는 종이라고 함부로 써도 되는 걸까요? 정말 돈만 있으면 얼마든지 종이를 구할 수 있을까요?

인간이 종이를 만들어 쓰기 시작한 것은 얼마 되지 않았어요. 불과

150년 전이랍니다. 그런데 최근 40년 사이에 종이 사용량이 4배나 늘어났어요. 1년 동안 전 세계 사람이 사용하는 종이는 약 3억 3,500만 톤이에요. 어마어마해서 쉽게 상상도 안 되는 양이지요. 이걸 하루에 사용하는 양으로 바꿔 보면 대략 100만 톤이에요.

복사 용지 100만 톤을 한 줄로 이으면 지구의 한가운데인 적도를 1,500번이나 돌 수 있어요. 100만 톤을 두루마리 화장지로 만들어서 한 줄로 이으면 지구에서 달까지 200번이나 왕복할 수 있고요.

그렇다면 종이를 만드는 데 나무가 얼마나 필요할까요? 전 세계 사람이 쓸 종이 단 하루치를 만들려면 나무 1,200만 그루가 필요하답니다. 1초마다 축구장만 한 숲이 지구 어디에선가 사라진다고 생각하면 되지요. 이것도 너무 큰 양이어서 상상이 되지 않을 거예요.

우리가 쉽게 접하는 종이 제품들을 생각해 볼까요? 학교에서나 학원

환경 보호

에서, 또는 가정에서 쉽게 접하는 A4 용지가 있어요. A4 용지를 1만 장 만들려면 30년 동안 키운 나무 한 그루가 통째로 필요하답니다. 이 글을 읽고 있는 여러분보다 두세 배나 더 오래 살아온 나무 한 그루가 종이 1만 장으로 변하는 거지요.

또 많이 사용하는 종이 제품 중 하나로 종이컵이 있어요. 우리나라에서만 1년 동안 약 120억 개의 종이컵을 쓴다고 해요. 종이컵 250개를 만드는 데 나무 한 그루가 필요하다지요. 정말 많은 나무가 종이컵으로 사라지는 거예요.

　이렇게 종이를 만들기 위해 나무를 계속 베어 내다 보면 다나의 꿈에서처럼 숲은 다 잘려 나간 나무만 남게 될 거예요. 더 이상 숲이 아닌 숲이 되는 거지요. 우리가 종이를 사

용할 때마다 나무가 사라진다고 생각해 보세요. 우리가 종이를 사용할수록 숲이 망가진다고 생각해 보세요. 그런데도 종이를 함부로 쓸 수 있을까요?

그에 대한 대책으로 폐지를 분리수거해서 그걸 재활용하기도 해요. 요즘은 재생지로 만든 화장지나 공책 등 재생 종이 제품을 어렵지 않게 찾아볼 수 있어요. 그런데 종이 색깔 탓인지 사용하는 사람이 그렇게 많지는 않아요.

종이를 다섯 차례 재활용하면 숲을 해치는 피해를 15배까지 줄일 수 있답니다. 재생 종이 제품이 많이 팔리면 분리수거한 폐지가 더 많이 재활용되겠지요.

종이로 사라지는 나무를 위해서라도 종이를 아껴 쓰는 습관을 길러야 해요. 한 번 쓰고 버리는 종이컵 대신 머그잔을 쓰고, 재생 종이 제품을 많이 쓰면 나무 한 그루를 심는 것과 같아요.

나무가 사라진다면 동물이나 새도 모두 사라질 수밖에 없어요. 동물도, 새도 나무가 있어야만 살 수 있거든요. 그런데 그 나무를 지킬 수 있는 건 오직 사람뿐이에요. 나무를 해칠 수 있는 것도 사람뿐이고요.

나무는 지구를 지키는 수호자와도 같아요. 나무는 우리가 숨을 쉬는 공기와도 매우 밀접한 연관이 있어요. 전 세계의 산소는 거의 다 나무가 만든 거예요. 이렇게 나무는 우리에게 숨 쉬고 살아갈 수 있도록 맑은 공기를 주고 있어요. 또한 지구 온난화의 주요 원인인 이산화탄소를 흡수하는 역할을 하기도 하지요. 5,400그루의 나무는 중형 승용차 4,300대가 연간 배출하는 이산화탄소 양을 흡수하는 효과가 있다고 해요.

뿐만 아니라 나무는 땅이 사막화가 되는 걸 막고, 황사로부터도 벗어나게 해 줘요. 그리고 땅속의 나무줄기가 흙을 꽉 잡아 산사태가 일어나지 않게 하지요. 일상 생활에 꼭 필요한 종이나 가구 등을 만드는 재료로 사용되기도 해요.

이렇게 나무는 우리에게 많은 것을 주고 있는데 우리는 그걸 잊을 때가 너무 많아요. '우리가 다른 생명체들을 존중하면, 그들도 우리를 존중해 준다.'라는 말이 있어요. 우리가 나무를 사랑하는 것이 곧 우리를 사랑하는 방법이기도 하답니다.

"우리는 마지막 나무가 죽고 없어지고 나서야, 마지막 강물이 오염되고 나서야, 마지막 물고기를 잡고 나서야 우리가 돈을 먹고 살 수 없음을 깨닫는다. -크리족 인디언의 속담"

꿈에서 나무 귀신을 만남으로써 종이와 나무의 소중함에 대해 생각해 보게 된 다나는 다시는 종이를 함부로 쓰지 않겠다고 결심했어요.

여러분도 다나와 민아처럼 종이를 낭비한 경우가 분명 있을 거예요. 그건 종이가 너무 흔하기 때문에 마음껏 써도 된다고 생각하기 때문이겠지요. 하지만 종이를 나무로 만든다는 것, 그리고 그 나무가 우리에게 매우 소중하다는 걸 알게 된다면 우리의 태도는 아주 달라질 거예요.

나무를 함부로 베어 버리고, 물건을 함부로 버리면서 우리는 자연을 훼손시킬 뿐만 아니라 하나뿐인 우리 지구를 병들게 하고 있어요.

우리 인간들을 위해 아낌 없이 주는 나무는 소중한 자연의 일부분이

　　　　　　　　　에요. 자연은 우리에게 주어진 선물이 아니라 우리가 잠시 쓰고 후손들에게 물려줘야 하는 것이에요. 그러므로 이 아름다운 자연을 더 아끼고 사랑해야 하지요. 나무뿐이 아니에요. 우리 지구가 우리에게 주는 여러 가지 아름다운 것들을 모두 소중히 간직하면서 잘 써야 하지요.

　지구의 소중함을 알리기 위해 환경 운동가들이 '지구의 날'을 만들었어요. 그날은 세계 각 곳에서 지구 환경 보호의 중요성을 알리는 다양한 행사를 벌인답니다. 종이나 물건 등을 재활용하는 방법을 알려 주고, 헌 옷을 버리지 않고 수선해서 가난한 나라에 싼값에 팔아 이익을 남겨 다시 자연 보호 기금으로 마련하기도 한답니다.

　자연은 하나뿐인 지구에서 우리가 반드시 보호해야 하는 것이랍니다. 자연이 우리를 사랑하는 것처럼 우리도 자연을 사랑하는 마음을 가지도록 해요.

나무 귀신 꿈을 꾼 날, 다나는 '환경 보호'에 대해 생각하게 됐어요.
다나가 생각하는 환경 보호는 어떤 것인지 들어 보고,
내가 생각하는 환경 보호를 써 보세요.

다나가 생각한 환경 보호는
공책과 휴지를 아껴 쓰는 거예요.

다나가 생각한 환경 보호는
소중한 지구를 지키기 위해 꼭 필요한 마음과 행동
이에요.

내가 생각한 환경 보호는

예요.

남보다 나를 먼저 생각하는 게 어때서?

이타심

다나는 영화 보러 가는 길에 우는 꼬마를 봤어요.
꼬마를 도와주자니 영화 시간에 늦을 게 뻔해요.
정말 보고 싶던 영화냐, 울고 있는 꼬마냐
다나는 둘 중 뭘 선택해야 할까요?

EBS 스쿨랜드
〈남을 돕는다는 것〉

극장 가는 길에 우는 꼬마를 만난 날

다나의 일기

얼마나 보고 싶었던 영화인데,
얘 도와주겠다고 그걸 놓쳐서는 안 되지.
우리는 그냥 가던 길 가기로 했어.

잠깐만!
내 한 마음이 도와주라고
이야기하네.

내 다른 마음은 그냥
모른 척 가라는데.
어떻게 하지?

스스로를 구한 썬다 싱의 이타심

　썬다 싱은 인도 사람으로, 1905년에 기독교인이 되었어요. 기독교를 전파하는 선교사가 되어 인도와 티베트, 네팔 등지를 다니며 선교했지요. 그러면서 병자를 돌보고 약자를 도와주었어요. 그러자 점점 많은 사람들이 썬다 싱을 따르게 되었어요.

　그러던 어느날 썬다 싱은 강 앞에서 설교하게 되었어요. 썬다 싱은 설교를 하다가 강물에 들어가 물에 젖은 자갈을 꺼내 들었어요.

　"여러분 이 자갈을 반으로 쪼개 보면 자갈 안쪽은 물에 젖어 있을까요? 아니면 말라 있을까요?"

　썬다 싱의 갑작스런 질문에 사람들은 당황했어요. 하지만 썬다 싱의 손에 있는 자갈을 보며 이렇게 대답했어요.

　"그 자갈은 깊은 강물 속에 있었으니까 젖어 있을 거예요."

　썬다 싱은 그 자갈을 반으로 쪼개 사람들에게 보여 주었어요.

　"자갈 안쪽은 말라 있습니다. 저 깊은 강물 속에 있었어도 말입니다."

　사람들은 깜짝 놀랐어요. 썬다 싱은 계속 말을 했어요.

　"우리는 우리 마음에 사랑이 강물처럼 흐른다고 믿고 있습니다. 하지만 정작 우리가 누군가를 도와야 할 때는 나서지 않을 때가 많습니다. 자신의 이익을 먼저 생각하기 때문입니다. 우리의 마음은 강물처럼 사랑이 넘쳐 보이지만 사실은 이 자갈처럼 메말라 있는 것입니다."

사람들은 그 말에 부끄러움을 느꼈어요.

그러던 어느 날 썬다 싱은 설교를 하기 위해 인도를 출발하여 네팔을 지나 티베트로 갔어요. 티베트로 가려면 히말라야 산맥을 넘어야만 했어요.

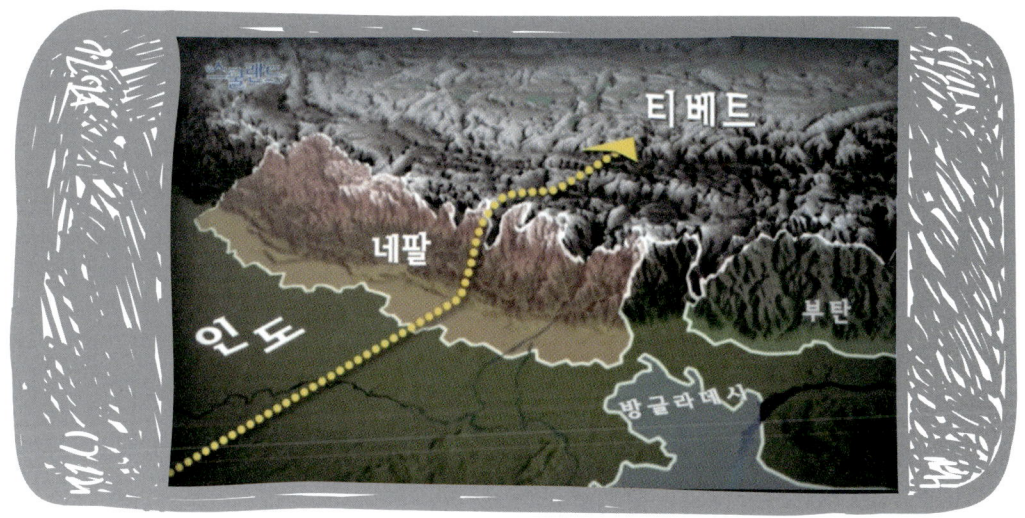

히말라야 산맥은 세계에서 가장 높은 에베레스트 산을 포함해 해발 8,000미터가 넘는 봉우리가 자그마치 14개가 되는 거대한 산맥이에요. 특히 날씨가 언제 어떻게 변할지 몰라서 매우 위험했어요.

때마침 썬다 싱은 같은 방향으로 가던 청년을 만나게 되었어요. 둘은 길동무가 되어 한참을 함께 걷다가 저 멀리 눈길에 쓰러진 사람을 발견

했어요.

"저기 사람이 쓰러져 있어요."

그러자 청년은 얼굴을 찌푸렸어요.

"그냥 어서 가요. 여기서 시간을 지체했다가는 눈사태를 만나 죽을지도 몰라요."

하지만 썬다 싱은 그냥 지나칠 수 없었어요.

썬다 싱은 눈을 파헤쳐 쓰러진 사람을 꺼냈어요.

"이보시오, 청년. 이 사람은 아직 살아 있습니다. 그냥 두고 간다면 이 사람은 얼어 죽고 말 거예요. 힘들겠지만 우리 함께 이 사람을 데리고 갑시다."

"뭐요? 혼자 걷는 것도 힘든데 이 사람까지 데리고 가자고요? 안 됩니다. 우린 힘을 아껴 두어야 해요. 그 사람을 데리고 갔다가는 얼마 안 가 우리가 쓰러져 죽을 거예요."

청년은 완강히 거절했어요.

하지만 썬다 싱은 그럴 수 없었어요.

"산 사람이 얼어 죽어 가는 걸 보고는 그냥 갈 수 없어요. 이 사람을 부축해서 함께 갑시다."

"난 싫어요. 정 그 사람을 구하고 싶으면 당신이 데리고 가슈."

청년은 돌아서서 혼자 길을 갔어요.

썬다 싱은 혼자서라도 쓰러진 남자를 데리고 가기로 결심했어요. 그 사람을 등에 업고 히말라야 산맥을 넘어갔지요. 한 발 한 발 내딛을수록 몸이 부서질 것 같았어요. 하지만 포기할 수 없었어요. 이를 악물고 걷고 또 걸었어요.

그러다 보니 서서히 이마에 땀이 나기 시작했어요. 나중에는 온몸에 열이 나서 가슴과 등에서도 땀이 났어요. 그러자 얼어 죽어 가던 그 사내는 열과 땀 때문에 몸이 녹아 정신을 차리게 되었어요.

"당신은 누구십니까?"

"오, 이제 정신이 납니까?"

"네……. 분명 눈밭에 쓰러졌는데."

"네, 제가 당신을 발견해서 업고 가는 중입니다."

"고맙습니다. 이제는 등에서 내려 걸어도 될 것 같습니다. 당신이 날 살렸습니다."

사내는 너무나 고마워했어요.

그러다 두 사람은 눈밭에 쓰러진 또 다른 사람을 발견하게 되었어요. 썬다 싱은 그 사람을 보고 깜짝 놀랐어요. 그는 아까 혼자 길을 떠난 청년이었어요.

청년은 혼자 가다가 얼어 죽고 만 거예요.

"오, 이런 일이 벌어지다니."

그때 썬다 싱은 놀라운 사실을 깨달았어요. 썬다 싱은 옆에 있는 사내에게 말했어요.

"내가 당신을 구했다고 생각했는데 도리어 당신이 날 구했군요."

"그게 무슨 말입니까?"

"당신을 업었기 때문에 땀이 났어요. 그 땀이 얼어 가던 내 몸도 녹인 거지요. 그러니 당신이 아니었다면 난 얼어 죽었을 거요."
사내는 그 말에 더욱 감격하며 썬다 싱의 손을 꼭 잡았어요.
썬다 싱은 무사히 티베트에 도착할 수 있었답니다.

이타심 **65**

" 주는 것은 받는 것보다 행복하며, 사랑하는 것은 사랑받는 것보다 아름답고 사람을 행복하게 한다. "
– 헤르만 헤세

다나는 남을 도와주는 게 결국 나를 이롭게 한다는 것을 알았어요. 다나는 자기의 도움을 필요로 하는 꼬마를 돕기로 하고, 찬우에게 먼저 극장에 가 있으라고 했지요.

여러분이 썬다 싱과 같은 일을 겪는다면 어떻게 할 건가요?

한 발도 떼기 힘든 상황에서 눈밭에 쓰러진 사람을 업고 가라고 하면 그렇게 하기가 쉽지 않을 거예요. 누구나 남보다 나의 안전을 먼저 생각하기 때문이지요. 하지만 썬다 싱은 그런 위급한 상황에서도 자기보다는 다른 사람의 생명을 훨씬 더 소중하게 생각했어요. 왜냐하면 그게 사람이 살아가는 태도라고 믿었기 때문이에요. 그런데 이렇게 남을 도왔을 때 뜻밖에 자신의 목숨도 구할 수 있었어요.

　　　　　　　　이렇게 세상에는 자기의 이익을 생각하지 않고 어려운 이들을 돕는 단체나 사람들이 있어요. 그중 하나가 '국경 없는 의사회'라는 국제 단체예요. 이 단체는 세계 여러 국가의 의사들이 모여 분쟁, 질병, 영양 실조, 자연 재해에 고통받고 있는 세계 각국의 사람들을 찾아다니며 무료로 치료하고 있어요.

　우리나라의 이태석 신부도 그중 한 사람이에요. 이태석 신부는 아프리카 수단 톤즈에 병실 12개짜리 병원을 짓고 하루에 200~300명의 주민들을 치료했어요. 뿐만 아니라 학교와 기숙사를 세워 가난한 어린이들이 자립하도록 도와주었지요. 그런데 이태석 신부는 그들 때문에 고생한 것이 아니라 행복한 삶을 살아갈 수 있었다고 말했어요.

　남을 돕는다고 해서 자신은 희생되기만 하는 것은 아니에요. 결국에는 다른 사람을 돕는 것이 나를 돕는 것이지요.

　여러분, 주위에서 여러분의 도움을 필요로 하는 일이 생긴다면 언제든 주저하지 말고 달려가서 도와주세요. 그것이 바로 이 세상을 더욱더 아름답게 만들 거예요.

극장 가는 길에 우는 꼬마를 만난 날, 다나는 '이타심'에 대해 생각하게 됐어요. 다나가 생각하는 이타심은 어떤 것인지 들어 보고, 내가 생각하는 이타심을 써 보세요.

다나가 생각한 **이타심**은
영화에 늦더라도 우는 꼬마를 도와주는 거예요.

다나가 생각한 **이타심**은
남을 돕는 것이지만, 결국 자신도 도움을 받게 되는 거예요.

내가 생각한 **이타심**은

예요.

친구를 돕지 않는 게 어때서?

공동체

다나네 반 아이들과 선생님은 뒷산에 갔어요.
선생님의 말씀을 지키지 못해
결국 친구들에게 도움을 청하는 찬우.
다나는 원칙을 지켜야 할까요, 찬우를 도와야 할까요?

EBS 스쿨랜드
〈현명한 판결〉

 # 친구를 돕는 게 망설여진 날

우리 반 아이들은 산에 버려진 쓰레기를 줍기 위해
선생님을 따라 뒷산에 갔어.
으으, 쓰레기 주우러 등산까지 해야 하다니.
생각만 해도 정말 싫었어.

옆에서 우리 모둠 친구들이 한 마디씩 거들었어.

물을 아끼라던 선생님 말씀이 있었으니 그 원칙에 따르느냐, 아니면 찬우에게 물을 주느냐 그것이 문제로다.

이럴 땐 어떻게 해야 좋을지 정말 모르겠어. 누구 말을 따라야 할까? 누가 나 좀 도와줘!

공동체의 책임을 일깨워 준 라과디아 판사

　매우 춥고 거센 눈보라가 휘몰아치는 날이었어요. 할머니는 일자리를 구하기 위해 집을 나섰어요.

　며칠 동안 제대로 먹은 게 없어서 배도 몹시 고팠어요. 하지만 식당에서 일자리를 구한다는 광고를 보고는 한달음에 나왔어요. 배를 곯은 어린 손자들의 모습이 눈앞에서 아른거렸기 때문이에요.

　'꼭 일자리를 구해야 할 텐데…….'

　당시 미국은 경제가 갑자기 어려워졌어요. 제1차 세계 대전이 터지자 미국은 물자가 부족한 유럽의 나라들에 물건을 팔아 돈을 벌었는데, 전쟁이 끝나자 유럽의 나라들은 물건을 스스로 만들기 시작했어요. 그러다 보니 미국에서 만들어 팔던 물건들은 팔리지 않았어요. 물건이 안 팔리자 직원들도 해고했지요. 일자리를 잃은 수많은 사람들은 저금한 돈을 은행에서 찾았어요. 결국 은행도 돈이 다 떨어져 문을 닫아야 할 지경에 이르렀어요. 미국은 직장 잃은 실업자들과 거지들로 넘쳐났어요. 할머니가 살던 뉴욕도 마찬가지였어요. 뉴욕은 외국에서 온 이민자들까지 몰려들어 일자리를 구하기가 더 어려웠지요.

　할머니는 식당으로 갔어요. 다른 사람들도 일을 구하기 위해 서 있었지요. 사장이 면접을 보았어요. 할머니는 기다리기 힘들었지만 순서가

올 때까지 참았어요.

드디어 할머니 차례가 되자 간절히 말했어요.

"뭐든지 할 수 있으니 일을 맡겨 주세요."

"할머니는 나이가 너무 많습니다. 죄송합니다, 안 되겠어요."

사장이 거절하자 할머니는 간곡히 말했어요.

"저는 지금까지 성실하게 살아왔어요. 젊은이들 못지않게 일할 수 있어요. 제발 기회를 주세요. 그러지 않으면 제 손자들이……."

할머니는 목이 메어 말이 나오지 않았어요. 할머니는 애절한 눈빛으로 사장을 쳐다보며 속으로 말했어요.

'일자리를 구하지 못하면 제 손자들이 굶어 죽을 거예요.'

하지만 사장은 할머니의 눈빛을 외면하고 자리에서 일어나 가 버렸어요. 할머니는 쓸쓸히 식당 밖으로 나왔어요.

'이제 어디로 가나.'

갈 곳은 집밖에 없는데 일자리도 구하지 못하고 가는 게 싫었어요. 할머니는 거리를 돌아다니다 빵집 앞에 섰어요. 고소한 빵 냄새 때문에 더욱 허기가 졌어요. 할머니는 자신도 모르게 빵 냄새를 따라 가게 안으로 들어갔어요.

"자, 갓 구운 빵을 드세요."

　점원이 소리쳤어요. 사람들이 빵집으로 들어가 빵을 샀어요.
　할머니는 주머니에 손을 넣은 채 빵집 안으로 들어가 진열대에 놓인 빵을 보았어요. 허기가 몰려와 어질어질했어요. 손님들은 빵을 골라 들고 계산대로 가서 돈을 지불했어요. 노릇한 빵 위로 손자들의 축 늘어진 어깨와 홀쭉한 배가 아른거렸어요.
　할머니는 자신도 모르게 주위를 살폈어요. 빵집 주인은 계산을 하느라 정신없었고, 사람들은 바쁘게 오갔어요. 앞에 섰던 부인이 빵을 꺼낸 뒤 진열대 유리를 닫지 않고 갔어요. 할머니는 재빨리 진열대 안으로 손을 넣었어요. 그리고 빵 하나를 덥석 집어 윗도리 속에 넣었어요. 손이

바들바들 떨렸어요. 다리는 후들거렸고요. 할머니는 고개를 푹 숙이고 돌아섰어요. 바로 그때였어요.

"할머니! 거기 서요!"

빵집 주인이 할머니의 팔을 낚아챘어요. 그러자 윗도리에서 툭 하고 빵이 떨어졌지요. 곧이어 빵집 주인은 경찰을 불렀어요.

"빵을 훔쳐 가려던 걸 잡았어요. 여기, 이 빵이에요. 할머니 옷 속에서 나왔어요."

할머니는 그 자리에 털썩 주저앉았어요.

"일어나세요! 같이 갑시다."

경찰은 할머니를 재판에 넘겼어요.

법정에 선 할머니는 아무 말도 못한 채 고개를 숙이고 있었어요. 판사는 할머니에게 물었어요.

"전에도 빵을 훔친 적이 있습니까?"

"아닙니다. 처음 훔쳤습니다."

"왜 훔쳤습니까?"

할머니는 깊은 한숨을 내쉬었어요.

"나이가 많다는 이유로 일자리도 얻을 수 없고, 돈은 어느새 다 떨어졌습니다. 며칠을 굶은 데다 배고파 우는 손자들 생각에 저도 모르게 그만 빵 하나를 훔치고 말았습니다."

할머니의 딱한 사정을 들은 방청객들은 판사의 선처를 기대했어요. 그런데 판사의 판결은 단호했습니다.

"아무리 사정이 딱하다 할지라도 남의 것을 훔치는 것은 잘못입니다. 법은 만인에게 평등하고 예외가 없습니다. 그래서 당신을 법대로 판결할 수밖에 없습니다. 당신에게 10달러의 벌금형을 선고합니다."

뜻밖의 단호한 판결에 방청객들은 술렁대기 시작했어요.

"너무 냉정한 판결이네. 불쌍한 할머니인데……. 나 같았어도 빵을 훔쳤을 거야."

그런데 여기에서 끝난 게 아니고 판사의 판결이 이어졌어요.

"하지만 이 할머니가 빵을 훔친 것은 오로지 이분만의 잘못이 아닙니다. 할머니가 살기 위해 빵을 훔쳐야만 할 정도로 어려운 상황임에도 이 도시에서 살고 있는 우리 모두는 이 할머니에게 아무런 도움을 주지 않은 채 방치했습니다. 그러니 우리 모두에게도 책임이 있는 것입니다."

그러고는 자신에게도 10달러의 벌금형을 내리고, 동시에 법정에 앉아 있는 시민 모두에게 각각 50센트의 벌금형을 선고했어요. 그 뒤 자신의 지갑에서 10달러를 꺼내 모자에 담았고, 그 모자를 모든 방청객들에게 돌렸지요.

술렁이던 법정은 숙연해졌고 아무도 판사의 선고에 이의를 제기하지 않았어요. 사람들은 모자에 벌금을 냈고, 그렇게 모아진 돈은 57달러 50센트였어요. 판사는 벌금 10달러를 제외한 나머지 금액을 모두 할머니에게 건네주었답니다.

함께하면 이루어지는 놀라운 일들이 있어요.

이 일화는 1930년대 뉴욕의 어느 법정에서 실제로 일어난 일이에요. 이 이야기의 주인공인 판사는 그 후 세 번의 선거에서 뉴욕 시장으로 선출된 피오렐로 라과디아예요. 엄격하지만 따뜻했던 라과디아는 시민들에게 많은 존경을 받았어요. 그는 개인의 불행을 개인의 불행으로만 생각하고 모른 척해서는 안 된다고 믿었어요. 사회적으로 책임을 느끼고 보호해야 한다고 생각했지요.

라과디아 판사의 이야기를 들은 다나는 친구들과 함께 현명하게 문제를 해결했어요. 물을 아끼지 않은 건 찬우 잘못이지만 목 마른 할머니를 돕다

가 그런 거니까 친구들이 모두 조금씩 물을 나눠 주기로 했지요.

동고동락이라는 말이 있어요. 슬플 때나 기쁠 때, 어려울 때도 함께한다는 것을 뜻해요. 동고동락은 사회에서도 이루어져야 해요. 개인이 불행하면 사회가 개인의 불행을 덜어 주는 책임을 함께 져 주어야 해요. 그리고 그 바탕에는 다른 사람의 입장을 헤아려서 배려하고, 다른 사람을 인격적으로 존중하는 마음이 있어야 해요.

누구나 강할 때도 있지만 누구나 약해질 때도 있어요. 그러니 내가 너보다 낫다는 생각보다 우리는 서로 존중하는 공동체의 일원이라는 마음으로 살아가야 해요.

사회에는 약한 사람, 가난한 사람, 부유한 사람, 아픈 사람 등 다양한 사람들이 함께 모여 있어요. 강한 자가 약한 자를 돌보고, 건강한 자가 아픈 자를 돌볼 때 함께 사는 세상은 아름다워지는 거예요.

친구를 돕는 게 망설여진 날, 다나는 '공동체'에 대해 생각하게 됐어요. 다나가 생각하는 공동체는 어떤 것인지 들어 보고, 내가 생각하는 공동체를 써 보세요.

다나가 생각한 **공동체**는
물을 다 마셔 버린 찬우에게 친구들 모두 물을 조금씩 나눠 주는 거예요.

다나가 생각한 **공동체**는
다른 사람의 불행을 함께 나누어 해결하려는 마음이에요.

내가 생각한 **공동체**는

예요.

진짜 기적이 일어났다고?

진정한 기적

다나는 모세처럼 기적을 일으키고 싶었어요.
마법 지팡이 대신 빗자루 준비! 아주 큰 목소리도 준비!
이제 소원을 말하면 정말 기적이 일어날까요?
꽁짜 할머니가 말하는 진짜 기적은 과연 뭘까요?

EBS 스쿨랜드
〈기적을 일으키는 염소〉

기적을 일으키고 싶던 날

사람들에게 꿈과 희망을 전한 기적

안녕하세요? 내 이름은 사미누, 아홉 살이에요.

우리 가족은 엄마, 아빠, 형, 누나, 나, 여동생 셋 이렇게 여덟 명이에요. 우리 가족이 사는 이곳은 아프리카 사하라 사막의 남단에 있는 니제르라는 나라예요. 니제르는 세계에서 가장 더운 나라지요. 땅은 대부분 사막으로 이루어져 있답니다. 오랜 가뭄에다가 나라도 너무 가난해서 대부분의 아이들이 영양 실조에 걸려 뼈만 앙상하게 남아 있어요.

몇 개월째 하늘에는 구름 한 점 없고 햇볕이 뜨겁게 내리쬐고 있어요. 비 한 방울 내려 주지 않는 하늘이 정말 밉기만 해요.

땅은 갈라지고, 곡식도 마르고, 메뚜기 떼까지 곡식을 먹어치우고 있어요. 곡식 값이 너무 치솟아서 사람들은 초원을 다니며 풀을 뜯어서 죽을 쑤어 먹는 걸로 끼니를 때웠어요. 하지만 어느샌가 초원에 있던 풀들도 다 말라서 눈을 씻고 찾아봐도 보이지 않게 되었어요. 무얼 먹고 살아야 할지 정말 눈앞이 캄캄했지요.

그런데 우리 가족이 염소 선물을 받게 되었어요. 우리 가족은 가난해서 부족한 게 많아요. 그런 우리에게 천사의 마음씨를 가진 사람들이 염소를 선물한 거지요. 엄마가 그러는데 이 염소가 기적을 일으킨대요.

염소는 18개월만 자라면 1년에 새끼를 두세 마리나 낳을 수 있대요.

우리 염소도 새끼를 낳아서 젖이 나와요. 엄마가 아침마다 염소젖을 짜서 주는데요, 이렇게 맛있는 건 처음이에요. 배도 든든해지고 힘도 막 솟는 것 같아요.

염소의 기적은 우리 집에서만 볼 수 있는 게 아니에요. 우리 마을에 있는 숨두아 아줌마네 염소도 새끼를 낳았는지 염소젖을 짰네요. 우레 아줌마는 염소 새끼를 팔아서 돈을 모으면 아이들을 학교에 보내고 싶대요. 나도 염소를 잘 키워서 학교에 갈 수 있으면 좋겠어요.

염소가 온 뒤로 우리 집은 모든 게 달라졌어요. 가족들 모두 염소를 정성껏 돌보았어요. 그리고 어떻게 하면 가난으로부터 벗어날 수 있을까 생각하기 시작했지요. 엄마 말대로 정말 기적 같아요.

우리 집 염소가 새끼를 더 낳으면 염소가 없는 집에 나눠 줄 거래요. 그 염소가 새끼를 낳으면 또 다른 집에 나눠 주고요. 그러면 우리 마을은 전부 염소를 갖게 될 거고, 모두 기적을 경험하게 될 거예요.

우리 가족과 마을에 기적을 선물한 분들에게 인사를 하고 싶어요.

"나 구디!" 우리 말로 '고맙습니다.'라는 뜻이에요.

사미누와 마을 사람들이 기적을 만나게 된 것은 1944년 댄 웨스트라는 구호 요원 덕분이에요. 댄은 아프리카에 처음 구호 활동을 갔을 때

굶주리는 아이들에게 분유를 나눠 주는 일을 했어요. 하지만 그런 도움으로는 당장 굶주림을 면할 수는 있어도 사람들이 가난에서 벗어나지 못한다는 것을 알게 되었지요. 그래서 분유를 대신해 젖이 나오는 가축을 나눠 주기 시작했답니다. 가축 중에서도 염소를 나눠 준 것은 염소가 빨리 크고 먹이도 조금 먹기 때문이에요.

 이 일은 국제 사회에 널리 알려지게 되었어요. 그러자 많은 사람들이 돈을 모아 아프리카에 염소를 보내게 되었지요. 여기에서 진정한 기적이 일어난 거예요. 가축을 받은 사람들은 생활이 바뀌어 스스로 가난에서 벗어나고 교육도 받을 수 있게 되었답니다.

꽁짜 할머니의 인성 특강

" 기적은 사랑이다. 우리가 할 수 있는 최선을 다할 때 우리의 삶에, 다른 사람의 삶에 아무도 모르게 기적이 일어난다. " – 헬렌 켈러

여러분은 기적이 무엇이라고 생각하나요?

다나처럼 마법의 지팡이를 들고 원하는 소원을 말하면 이루어지는 것을 기적이라고 생각하나요?

기적은 불가능해 보이는 것이 현실로 이루어지는 것을 말해요. 이런 기적은 쉽게 이루어지는 게 아니라서 많은 사람들은 기적을 믿지 못해요. 사미누도 염소를 만나기 전까지는 기적을 믿지 않았어요.

사미누가 할 수 있는 건 부족한 식량을 걱정하는 것뿐이었어요. 그런데 염소 한 마리 덕분에 배고픔에서 벗어나게 되었고 가난에서 탈출할 수 있다는 희망을 갖게 되었어요. 희망을 갖게 되니까 또 다른 기적을 꿈꾸게 된 거예요.

　　　　　그 기적은 자신의 힘으로 가난에서 벗어나고 가족들과 행복하게 사는 꿈이었어요.

　그런 꿈을 꾸게 되니 그것을 어떻게 이루어야 할지 생각하게 되고, 그 꿈을 이루기 위해 노력하고, 사람들을 믿게 되었어요.

　얼마 전, 세계적으로 아이스버킷 챌린지라는 캠페인이 널리 퍼졌어요. 얼음물 샤워를 한 사람이 도전자 세 명을 지목하면, 그 사람은 얼음물 샤워를 하거나 중증 장애를 앓고 있는 환자를 위해 100달러를 기부하는 캠페인이었어요. 이걸 처음으로 한 사람은 하키 선수 그린핀이에요. 루게릭병을 앓고 있는 친구를 돕기 위해 시작한 것이지요. 이 얼음물 샤워는 전 세계적으로 퍼져 나갔고 루게릭병을 앓고 있는 환자와 가족들에게 살아갈 용기를 주었어요.

　기적은 돕고자 하는 우리들의 착한 마음에서 시작되는 거예요. 그러니 마음만 먹으면 얼마든지 기적을 일으킬 수 있어요. 이렇게 서로 돕고자 하는 마음을 실천할 때, 세상은 기적으로 빛나게 된답니다.

진정한 기적 **89**

내가 만드는 인성 사전

기적을 일으키고 싶던 날, 다나는 '진정한 기적'에 대해 생각하게 됐어요. 다나가 생각하는 진정한 기적은 어떤 것인지 들어 보고, 내가 생각하는 진정한 기적을 써 보세요.

다나가 생각한 **진정한 기적**은
여럿이 돈을 모아 아프리카에 염소를 보내는 거예요.

다나가 생각한 **진정한 기적**은
사람들에게 꿈과 희망을 심어 주는 거예요.

내가 생각한 **진정한 기적**은

예요.

지금도 좋은데 왜 통일해야 해?

통일과 평화

다나의 친구는 아빠와 떨어져 있어요.
그곳은 다름 아닌 북한.
우표를 붙여도 편지를 보낼 수가 없대요.
친구의 편지를 전해줄 방법은 없을까요?

EBS 스쿨랜드
〈부치지 못한 편지〉

 # 새터민 친구의 이야기를 들은 날

친구가 편지를 쓰면서 울고 있지 뭐야.

"어디길래 그래?"

"북한. 난 엄마하고 같이 이곳에 왔어. 아빠는 아직도 그곳에 계셔."

"아빠가 보고 싶은데 볼 수 없어."

친구가 아빠와 떨어져 있다니 정말 슬펐어.

그래도 꽁짜 할머니는 무슨 방법이 있지 않을까 해서 꽁짜반점엘 갔어.

"할머니, 할머니는 짜장면 주문이 들어오면 어디든지 배달하시니까 내 친구 편지도 배달해 주실 수 있지 않아요?"

"다나야. 미안하지만 북한에는 배달이 안 된단다."

"가슴아프지만 우리가 꼭 알아야 할 이야기가 있어. 잘 들어 보려무나."

남북 분단의 슬픔을 치유해 줄 통일

"쾅! 쾅! 쾅!"

1950년 6월 25일 일요일 새벽이었어요. 평안남도 조용한 시골에 살고 있던 춘석 씨는 요란한 대포 소리에 깜짝 놀라 눈을 떴어요. 가족들도, 동네 사람들도 모두 놀라 집 밖으로 뛰어나왔어요. 곧이어 여기저기서 포성이 울리고, 탱크가 굴러가는 소리가 들려왔어요.

사람들이 소리쳤어요.

"전쟁이야. 전쟁이 일어났어!"

"북한이 남한을 공격했대."

북한 인민군이 38도선 부근에서 남한을 공격했다는 거예요. 이 전에도 38도선를 사이에 두고 북한과 남한은 싸움을 벌이고는 했어요. 그러다 북한은 중국과 소련의 동의까지 얻고 전쟁을 일으킨 거예요.

며칠 뒤, 춘석 씨는 인민군으로 끌려가게 되었어요.

춘석 씨는 너무 슬프고 불안했어요. 아내와 결혼한 지 일 년밖에 지나지 않았고, 아내는 만삭이었어요. 춘석 씨는 아내의 손을 꼭 잡으며 말했어요.

"전쟁은 곧 끝날 것이오. 그러니 걱정 말고 조금만 기다리시오."

"몸 조심하셔야 해요. 그리고 꼭 편지 보내세요. 그래야 안심이 되지요."

아내의 눈에서 눈물이 흘렀어요. 춘석 씨는 나오려는 눈물을 꾹 참고 아내를 안아 주었어요.

"알겠소. 꼭 편지를 부치리다."

춘석 씨는 포병이 되어 전쟁터에 나갔어요.

전쟁은 그야말로 지옥이었어요. 날마다 총성과 포탄이 터지고 병사들이 죽어 갔어요. 하루하루 언제 죽을지 모른다는 공포 속에서 살아야만 했어요.

그러던 어느 날이었어요. 병사들은 산 중턱에서 오랜만에 주먹밥을 먹으며 쉬었어요. 삼삼오오 모여 앉아 가족 이야기를 했지요.

"고향 어머니는 잘 계시는지……."

"동생도 많이 컸을 텐데……."

춘석 씨도 아내 생각이 간절하게 났어요.

"아이는 잘 낳았는지…… 딸일까, 아들일까."

그러자 옆에 있던 어린 병사가 말했어요.

"가족들도 우리가 살았는지 죽었는지 매우 궁금할 거예요. 그러니까 지금 편지를 쓰자고요. 지금 쓰지 않으면 언제 또 소식을 보낼 수 있을지 모르잖아요."

그 말에 모두 고개를 끄덕였어요. 내일이라도 전투를 치르게 된다면 목숨이 붙어 있을지 아무도 알 수 없었으니까요.

 어린 병사는 군복 속에 꼭꼭 숨겨 두었던 편지지를 나누어 주었어요. 병사들은 편지를 쓰기 시작했어요.

 춘석 씨도 몽당연필을 쥐고 편지지를 내려다보았어요.

 자기가 얼마나 아내를 보고 싶어 하는지, 그 마음을 편지에 담아 전해 주고 싶었어요. 목련처럼 순박한 아내의 얼굴이 떠올랐어요. 춘석 씨는 가슴이 미어졌어요.

 '순옥아, 내 사랑아. 순옥아, 사랑하는 내 아내…….'

 춘석 씨는 그렇게 가슴속에서 애절하게 아내를 부르며 편지를 써 나가기 시작했어요.

친애하는 사랑에게

당신과 눈물로 작별한 지 벌써 얼마나 지났는지 모르겠소. 해산은 잘 했는지 몹시 궁금하오. 남편 없는 고통은 지금 남들도 다 겪는 것이니 혼자만 겪는 고통이라고 너무 힘들어 하지 마시오. 어머니와 동생도 잘 보살펴 주길 부탁하오.

그리고 아들을 낳았으면 명석이라 짓고, 딸아이를 낳았으면 명희라 지었으면 좋겠소. 조금만 기다려 주오. 꼭 살아서 가겠소.

당신의 남편 박춘석

춘석 씨는 편지를 잘 접어서 봉투에 넣고 주소를 썼어요. 다른 병사들도 저마다 편지를 썼어요.

아침 6시 30분에 전투기 세 대가 와서 폭격하고 간 뒤에
매시간 탕탕 소리가 나고 있습니다.
어떡하든지 숨만이라도 붙어서
다시 한 번 그립게 만날 날을 기립시다.

어떤 병사는 여자 친구에게 편지를 썼어요.

나는 당신에게 갈 날을 고대하고 있습니다. 당신도 나를 끝까지 사랑한다면 나도 당신을 끝까지 사랑하겠습니다.

그런데 춘석 씨 옆에 앉은 나이 든 병사는 편지를 쓰지 못하고 전전긍긍했어요.

"왜 편지를 안 쓰세요?"

"그, 그게 글자를 몰라요……"

병사는 부끄러운 듯 말했어요.

그러자 춘석 씨가 말했어요.

"제가 대신 써 드릴 테니까 천천히 말해 보세요."

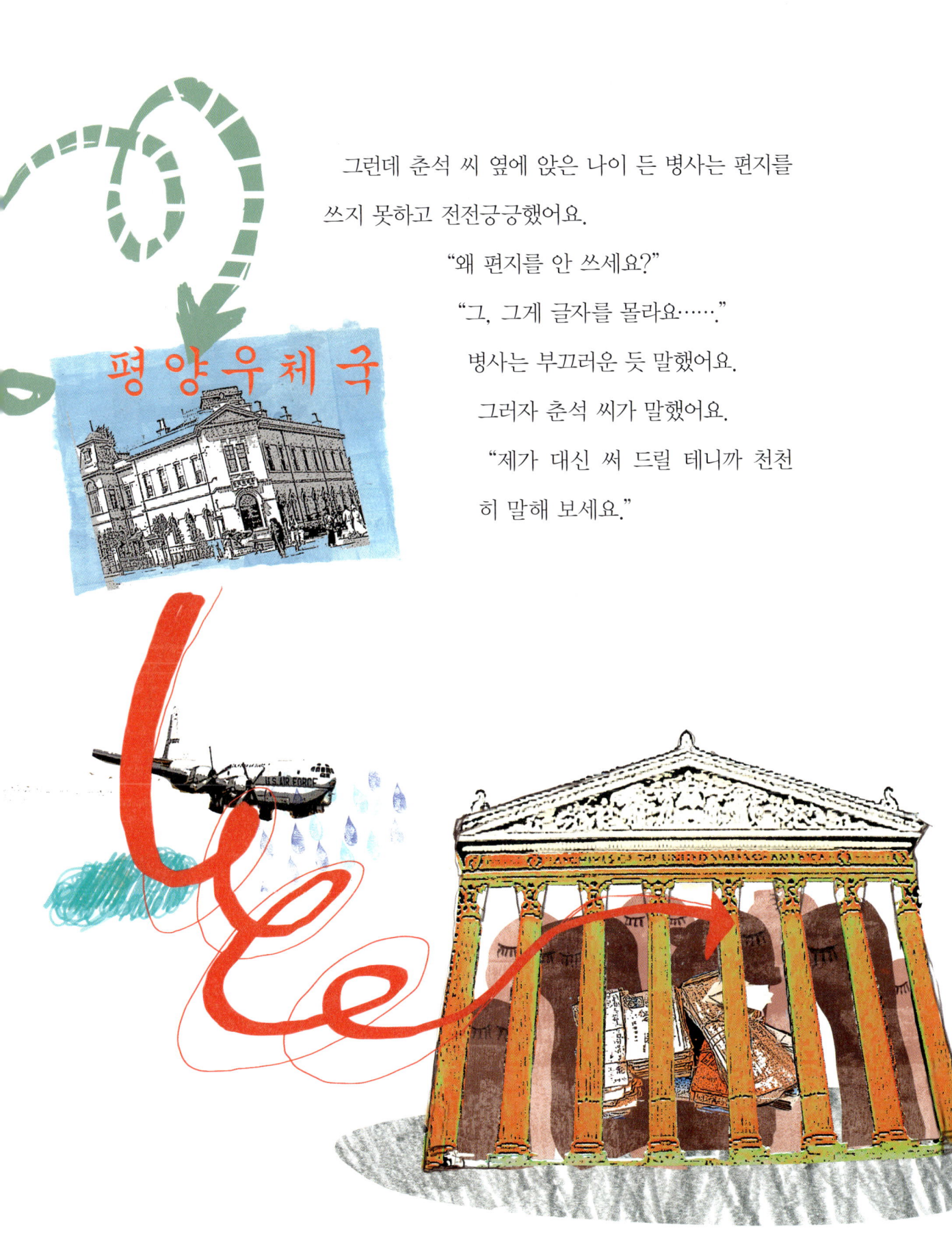

"고맙소이다. 그럼 어머니한테 보내리다."

나이 든 병사는 천천히 소리 내어 말했어요.

> 어머니, 저는 잘 있습니다. 그러니 걱정하지 마시라요. 어머니 허리 아프셔서 제가 지팡이가 되어 모시고 다녀야 하는데 제가 없으니 누가 어머니를 모시고 다니는지…….
>
> 어머니, 조금만 기다리세요. 좀 있으면 어머니 옆으로 가겠습니다. 제가 열심히 농사를 지어 어머니 편안하게 모실게요. 그러니 어머니는 제 옆에서 어여쁜 꽃을 보며 오래오래 사세요.

춘석 씨는 나이 든 병사의 말을 열심히 받아 적었어요.

다음 날, 이렇게 쓴 편지는 운전병이 모두 트럭에 실어 평양중앙우체국으로 갖고 갔어요. 그 모습을 지켜보던 병사들은 오랜만에 마음이 설레었어요. 자신들이 쓴 편지에 날개라도 돋쳐 곧장 집으로 날아갈 것만 같았지요.

그런데 바로 그날 미군이 평양중앙우체국을 비롯해 북한의 관공서를 점령했어요. 미군은 관공서의 문서와 평양중앙우체국의 편지 1,100여 통을 모두 미국 워싱턴의 연방 기록물 보관소에 보냈어요.

 이 편지들은 주인을 찾아 고향으로 가지 못하고 멀리 떨어진 낯선 땅으로 가게 된 거예요. 그리고 비밀 문서로 분류되어 60년을 넘게 잠을 자듯 그곳에 머물게 되었어요. 하지만 편지들은 언제라도 자신들의 겉봉에 적힌 주소가 있는 곳으로 날아갈 꿈을 포기하지 않고 오늘도 기다리고 있답니다.

" 좋은 전쟁 또는 나쁜 평화는 없다. – 벤자민 플랭클린 "

평양중앙우체국

다나는 부치지 못한 편지가 있다는 말을 듣고 놀랐어요. 우표만 붙이면 세계 곳곳에 편지가 다 가니까요.

하지만 북한으로는 편지를 부칠 수 없다는 말에 고개를 끄덕였어요. 편지도 보낼 수 없는 북한이 가장 먼 나라처럼 느껴졌지요.

여러분도 다나처럼 북한이 먼 나라처럼 느껴질 때가 있을 거예요. 여러분이 태어나기도 한참 전에 분단되었으니까요. 그래서 통일이라는 말이 어색하고 낯설게 여겨질지도 몰라요.

하지만 그럴수록 통일에 대한 관심을 더 가져야 해요.

부치지 못한 편지들의 이야기를 통해 관심을 갖게 되었으면 좋겠어요.

미국 국립문서보관소

　이야기에 나오는 편지들은 한국 전쟁 당시 군인들이 가족에게 보낸 편지들이에요. 1,100여 통의 편지들은 그 당시 평양중앙우체국에 있었는데 미군이 미국으로 가져갔던 거예요. 미국은 이를 비밀 문서로 분류했다가 1977년에 비밀을 해제하고 일반인에게 공개했어요. 2008년, 미국에 있던 한국인 기자가 이 편지들을 미국 국립 문서 보관소에서 발견하고 편지의 주인들을 찾아 주려고 했지만 주소지가 바뀌어 찾기 어려웠답니다. 이 편지들은 여전히 문서 보관소에 잠자고 있어요. 하지만, 언제라도 편지의 주인이 나타나기만을 기다리고 있답니다. 그 편지를 받을 사람이든 또는 쓴 사람이든 말이에요.

　벌써 분단된 지 60년이 넘었어요. 통일을 이루기 위해서 가장 중요한 것은 통일을 하겠다는 의지에요. 그리고 북한과 남한의 차이를 인정하고 받아들이며 차이를 좁혀 가는 노력을 해야 해요. 그래서 강하고도 아름다운 통일된 나라가 되기를 간절히 바랍니다.

새터민 친구의 이야기를 들은 날, 다나는 '**통일**'에 대해 생각하게 됐어요. 다나가 생각하는 통일은 어떤 것인지 들어 보고, 내가 생각하는 통일을 써 보세요.

다나가 생각한 **통일**은
북한에도 편지를 보낼 수 있는 거예요.

다나가 생각한 **통일**은
남과 북에 떨어져 살고 있는 가족들이 함께 사는 거예요.

내가 생각한 **통일**은

예요.